As Cores dos Animais

Animal Colors

Maria Koran

As Cores dos Animais

Animal Colors

Neste livro, você irá aprender sobre

In this book, you will learn about

- **o que são**
- what they are

- **para que servem**
- what they are for

- **que animais as têm**
- which animals have them

e muito mais!

and much more!

Os animais podem ter muitas cores diferentes. Os rinocerontes têm pele cinzenta espessa.

Animals can be many different colors. A rhinoceros has thick gray skin.

Alguns animais obtém a sua cor através do pelo. Um gorila da montanha tem pelo preto.

Some animals get their color from their fur. A mountain gorilla has black fur.

Um orangotango tem pelo laranja. O pelo cobre quase todo o seu corpo.

An orangutan has orange fur. Its fur covers almost all of its body.

Um tipo de animal pode ter diferentes cores. Os ursos pretos podem ter pelo preto, cinzento ou castanho.

One kind of animal can have different colors. Black bears can have black, gray, or brown fur.

Alguns pássaros têm penas muito coloridas. As penas do pavão são azul e verde brilhantes.

Some birds have very colorful feathers. Peacock feathers are shiny blue and green.

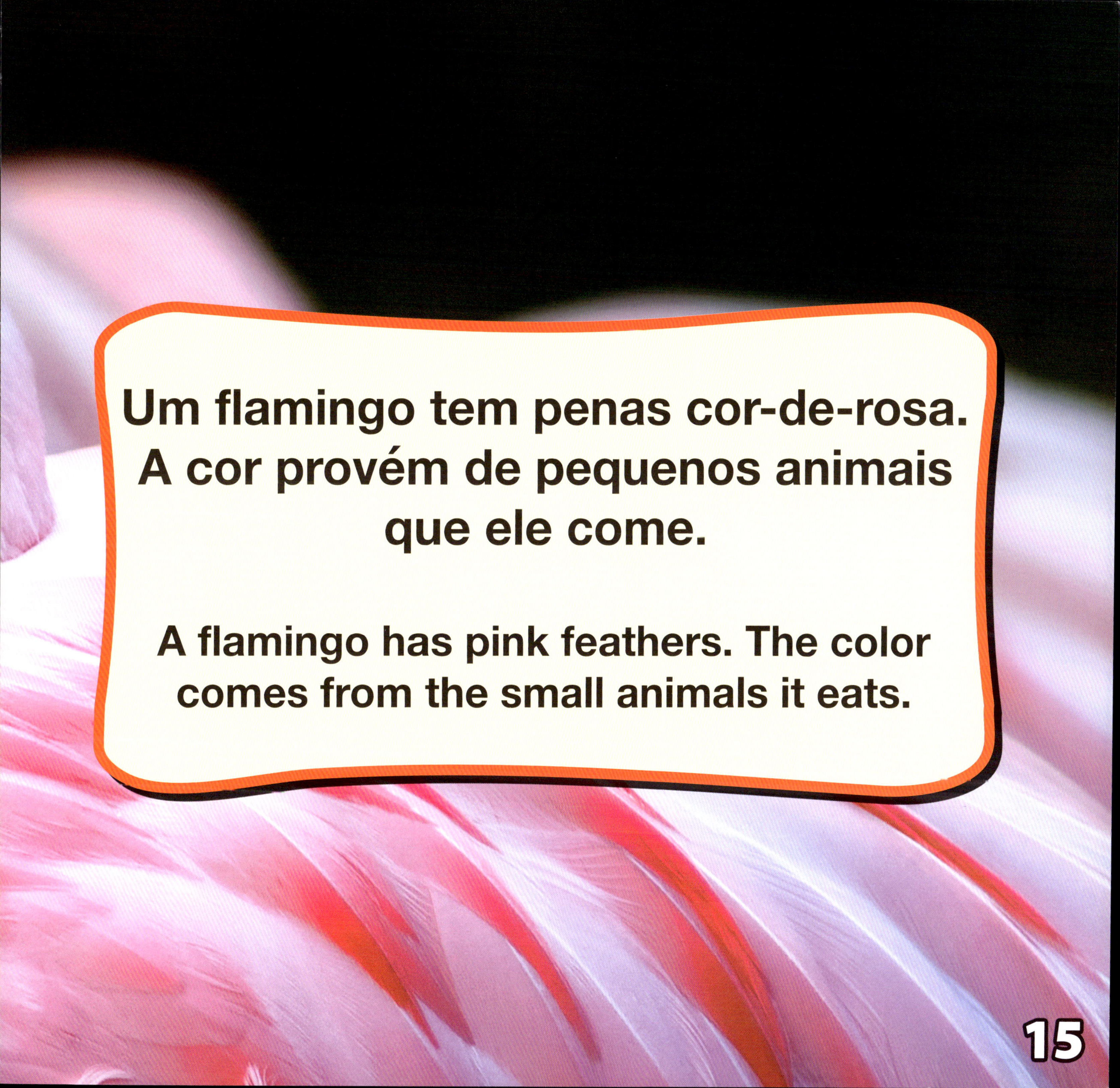

Um flamingo tem penas cor-de-rosa. A cor provém de pequenos animais que ele come.

A flamingo has pink feathers. The color comes from the small animals it eats.

As cores podem ajudar um animal a manter-se protegido. Uma iguana é verde. Esta cor ajuda-a a esconder-se nas plantas.

Colors can help an animal stay safe. An iguana is green. This color helps it hide in plants.

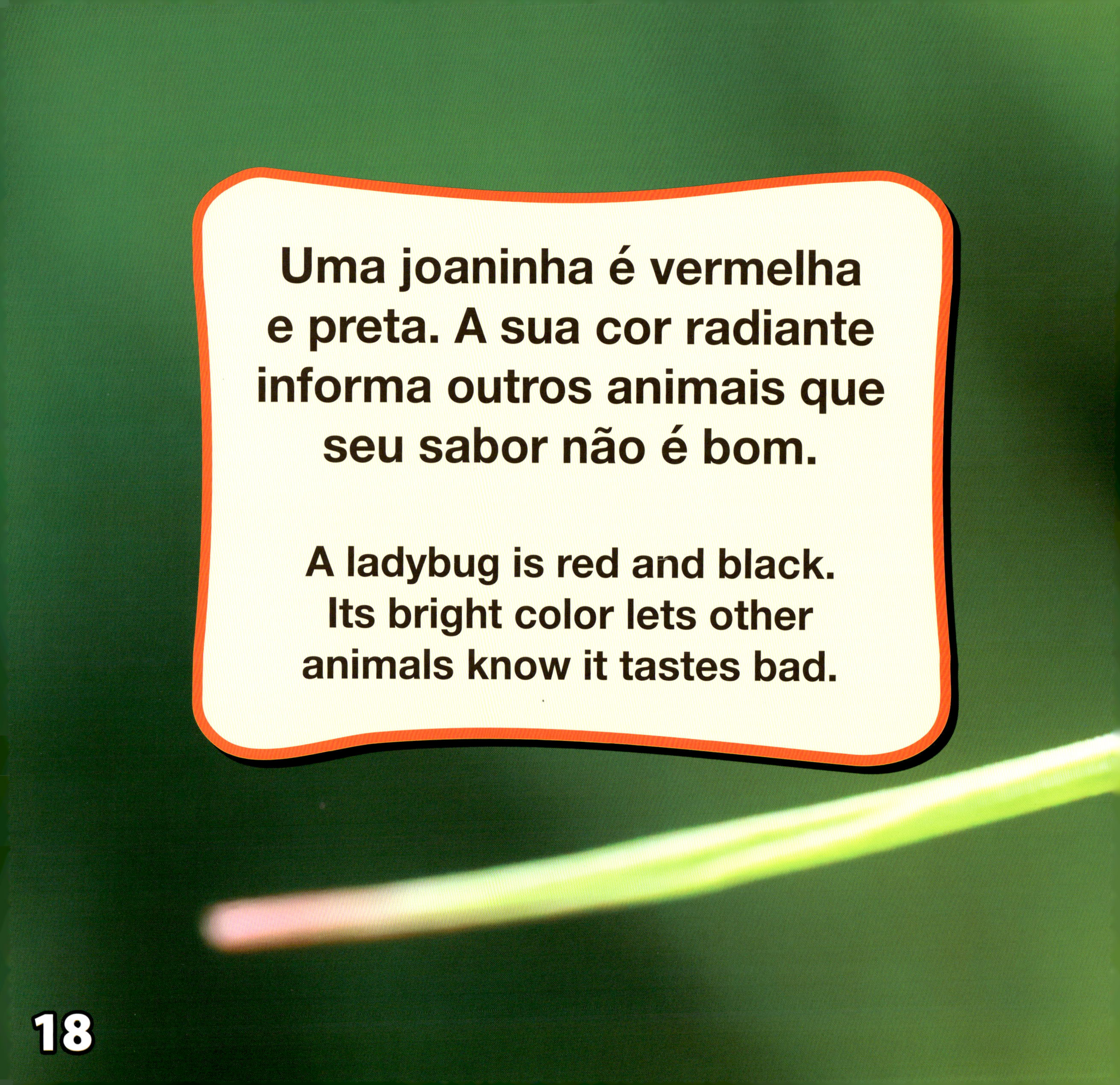

Uma joaninha é vermelha e preta. A sua cor radiante informa outros animais que seu sabor não é bom.

A ladybug is red and black. Its bright color lets other animals know it tastes bad.

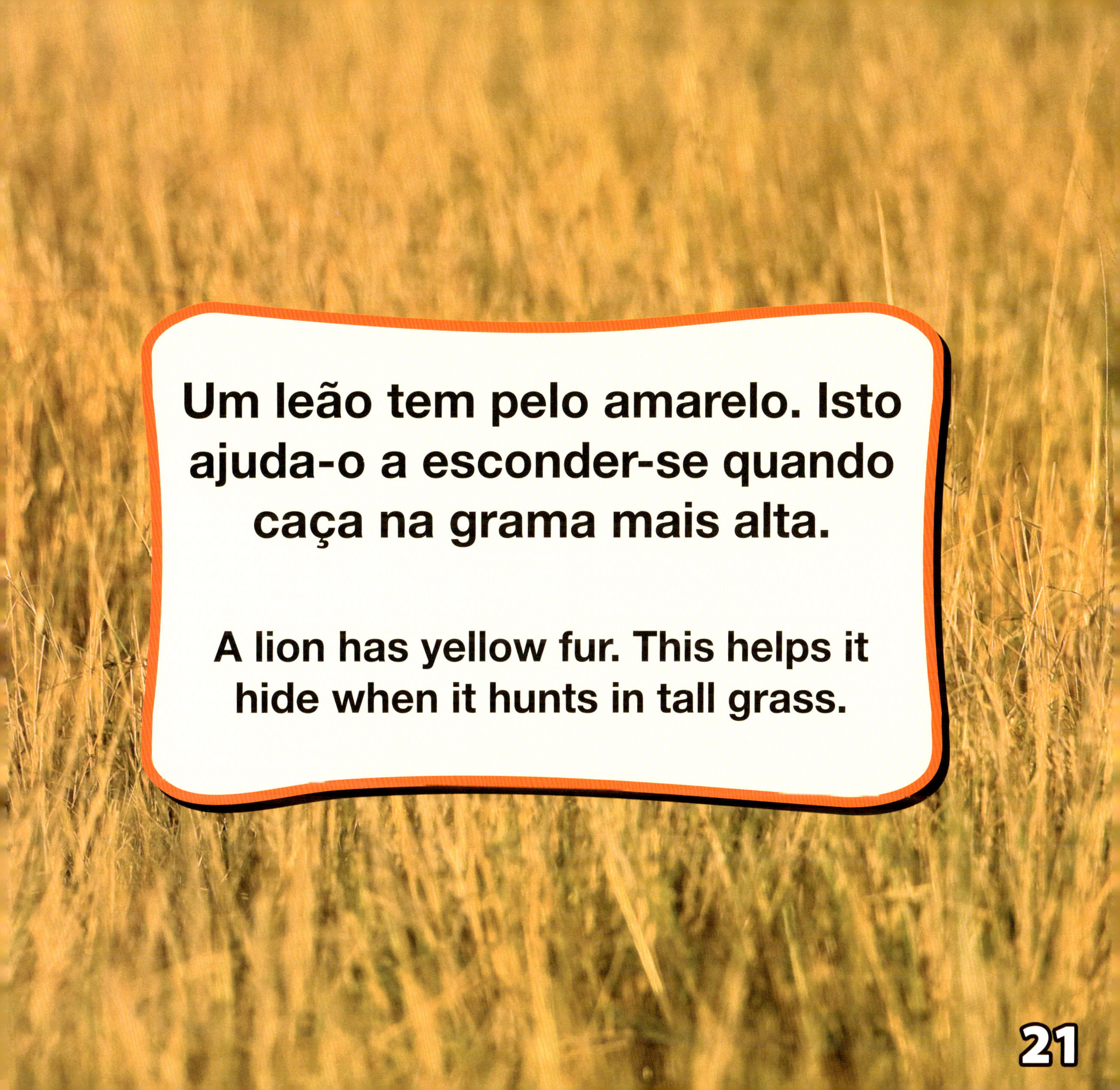

Um leão tem pelo amarelo. Isto ajuda-o a esconder-se quando caça na grama mais alta.

A lion has yellow fur. This helps it hide when it hunts in tall grass.

As Cores dos Animais

Animal Colors

is available in **12 more** bilingual versions.

Arabic

French

Hindi

Korean

Mandarin

Russian

Spanish

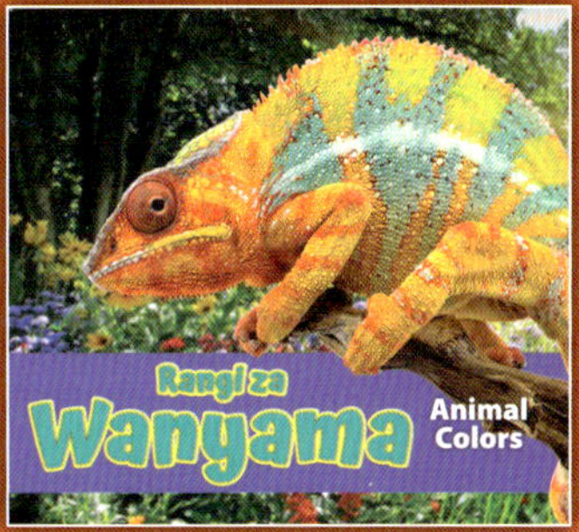

Swahili

Tagalog

Ukrainian

Urdu

Vietnamese

Choose your preferred language for a unique reading experience!

Published by Lightbox Learning Inc.
276 5th Avenue, Suite 704 #917
New York, NY 10001
Website: www.openlightbox.com

Library of Congress Control Number: 2024939597

ISBN 979-8-8745-1666-6 (softcover)

Printed in Guangzhou, China
1 2 3 4 5 6 7 8 9 0 28 27 26 25 24

082024
102923

Art Director: Terry Paulhus
Layout: Mandy Christiansen
English Editor: Sara Cucini
Brazilian Portuguese/English Translation:
Translation Services USA

The publisher acknowledges Alamy, iStock, and Minden Pictures as the primary image suppliers for this title.